ମୁଁ ଅନୁଭବୀ

କବିତା ସଂକଳନ

ଡ. ପୂଜାରାଣୀ ଘୋଷ

(ସ୍ୱର୍ଣ୍ଣପଦକ ପ୍ରାପ୍ତ)

STORYMIRROR
Stories that reflect you

Copyright © 2022 by Dr. Pujarani Ghose

This is a work of poetry. The author asserts her moral right to be identified as the owner of her intellectual property.

All Rights Reserved

Mun Anubhabi (Poetry)
First Edition: June 2022
Printed in India

Printed at Dhote Offset Printer, Mumbai
Typeset in Kalinga

ISBN: 978-93-92661-50-1

Book Layout by: StoryMirror

STORYMIRROR
Stories that reflect you

Publisher:	StoryMirror Infotech Pvt. Ltd. 145, First Floor, Powai Plaza, Hiranandani Gardens, Powai, Mumbai - 400076, India

Web:	https://storymirror.com
Facebook:	https://facebook.com/storymirror
Twitter:	https://twitter.com/story_mirror
Instagram:	https://instagram.com/storymirror
Email:	marketing@storymirror.com

No part of this publication may be reproduced, be lent, hired out, transmitted or stored in a retrieval system, in form or by any means, electronic, mechanical, photocopying, recording or otherwise, without the prior permission of the publisher. Publisher holds the rights for any format of distribution.

ଉତ୍ସର୍ଗ

৺ମୁରଲୀଧର ଘୋଷ (ପିତାମହ)

৺ଜାନକୀ ଘୋଷ (ପିତାମହୀ)

ପ୍ରେରଣା

" ଡ. ରମେଶ ଚନ୍ଦ୍ର ଦାସ (ଜୀବନସାଥୀ) ଯିଏକି ବର୍ତ୍ତମାନ ଭଦ୍ରକ ସ୍ୱୟଂଶାସିତ ମହାବିଦ୍ୟାଳୟରେ ସହକାରୀ ପ୍ରାଧ୍ୟାପକ ଭାବେ ନିଯୁକ୍ତ, ଏହାଙ୍କ ପ୍ରେରଣାରେ ମୋର କଲମର ସ୍ରୋତ ବହିଚାଲେ। କବିତା ତାଙ୍କୁ ଶାନ୍ତ ସକାଳର ଫୁଲପରି ମହକ ଦିଏ। ତେଣୁ ମୋତେ ସେ ସର୍ବଦା ଭ୍ରମରଟିଏ ହୋଇ କବିତା ରୂପକ ମଧୁପାନ କରିବାକୁ ସାହାଯ୍ୟ କରିଥାନ୍ତି।

କବୟିତ୍ରୀଙ୍କ ପରିଚୟ

ଡ. ପୂଜାରାଣୀ ଘୋଷ. ଯିଏକି ଭଦ୍ରକ ସ୍ୱୟଂଶାସିତ ମହାବିଦ୍ୟାଳୟରୁ ସଂସ୍କୃତ ସ୍ନାତକରେ ପ୍ରଥମ ଶ୍ରେଣୀରେ ଶ୍ରେଷ୍ଠ ସ୍ଥାନ ଅଧିକାର କରି ପାଣ୍ଡିଚେରୀ ବିଶ୍ୱବିଦ୍ୟାଳୟରୁ ସଂସ୍କୃତ ବ୍ୟାକରଣରେ ଏମ.ଏ, ଏମ୍.ଫିଲ୍ ଓ ପିଏଚ୍.ଡି କରି ସ୍ୱର୍ଣ୍ଣପଦକ ହାସଲ କରିଛନ୍ତି। ସେ ବର୍ତ୍ତମାନ ଭଦ୍ରକ ଜିଲ୍ଲାର ଧାମ୍ନଗର ବ୍ଲକ ଅଧିନସ୍ଥ ମୁରଲୀଧର ଉଚ୍ଚ ବିଦ୍ୟାପୀଠରେ ସଂସ୍କୃତ ଶିକ୍ଷୟିତ୍ରୀ ରୂପେ କାର୍ଯ୍ୟରତ। ୨୦୧୮ ମସିହାରେ ତାଙ୍କର ପ୍ରଥମ କବିତା ପୁସ୍ତକ 'ଜୀବନ ପ୍ରାନ୍ତରେ ତୁମେ' ପ୍ରକାଶିତ। ସେହିପରି ୨୦୨୨ ମସିହାରେ ପ୍ରକାଶିତ ଇଂ ନବକିଶୋର ମିଶ୍ରଙ୍କ "ଆମ ଗୋସମ୍ପଦ" ପୁସ୍ତକଟିକୁ ହିନ୍ଦୀ ଭାଷାରେ "ହମାରା ଗୋସମ୍ପଦ" ଭାବରେ ଅନୁବାଦ କରିଛନ୍ତି। ଏହାଛଡା ସଂସ୍କୃତ, ହିନ୍ଦୀ ଓ ଇଂରାଜୀ ଭାଷାରେ କବିତା ଲେଖନ୍ତି। ସଂସ୍କୃତ ଭାଷାରେ ଅନୁଚ୍ଛେଦ ଗୁଡିକ ପତ୍ରିକାରେ ପ୍ରକାଶିତ।

୨୦୧୭ ମସିହାରେ ତାଳଚେର ୱାର୍କିଙ୍ଗ୍ ଜରନାଲିଷ୍ଟସ୍ ଆସୋସିଏସନ ତରଫରୁ ଶିକ୍ଷାବିତ୍ ଭାବରେ ସମ୍ମାନିତ ହେବା ସହ ସେ ଜିଲ୍ଲା ସ୍ତରୀୟ ଭଦ୍ରକ ମହୋତ୍ସବରେ ଆଦର୍ଶ ଶିକ୍ଷୟିତ୍ରୀ ସମ୍ମାନ, ୨୦୨୦ ମସିହାରେ ନୋବେଲ ବିଜେତା ରବିନ୍ଦ୍ରନାଥ ଟାଗୋର ସମ୍ମାନ, ଆଦର୍ଶ ଲେଖିକାସମ୍ମାନ, ବାଗ୍ଦେବୀ ସମ୍ମାନରେ ସମ୍ମାନିତ। ସେ ମଧ୍ୟ ବିଭିନ୍ନ ଜାତୀୟ ଓ ଆନ୍ତର୍ଜାତୀୟ ସେମିନାର ଏବଂ ୱାର୍କସପରେ ଯୋଗ ଦିଅନ୍ତି।

- ପ୍ରକାଶକ

ସୂଚୀପତ୍ର

୧. ରକ୍ତଦାନ :: ୧୧

୨. ଗୁରବେ ନମଃ :: ୧୩

୩ . ଆଖିଥାଇ ଅନ୍ଧ :: ୧୫

୪. ମୁଁ ଅନୁଭବୀ :: ୧୭

୫. ମୋହଗ୍ରସ୍ତା ନାୟିକା :: ୧୯

୬. ମୁଁ ଆକାଶ :: ୨୧

୭. ମୁଁ ଫୁଲଟିଏ :: ୨୨

୮. ମାଦକ ନିଶାରେ :: ୨୪

୯. ପ୍ରେମାଗ୍ନି :: ୨୬

୧୦. ରଜନୀ ବେଳାରେ :: ୨୮

୧୧.ମହମବତୀ :: ୩୦

୧୨. ଭଲପାଏ ମାଟିକୁ :: ୩୧

୧୩. ଦୀନାର ଭାବନା :: ୩୨

୧୪. ଯେବେ ମନେପଡେ :: ୩୪

୧୫. ବେଳାଭୂମିରେ ଥରେ :: ୩୬

୧୬. ଓଁ ସାଇ :: ୩୮

୧୭. ବାସିଫୁଲ :: ୩୯

୧୮. ବିନୟୀ ମନ କହେ :: ୪୧

୧୯. କୋହ କାନ୍ଦେ :: ୪୩

୨୦. କେତେ ଦିନ? :: ୪୪

২১. ମୋ' ଠାରେ ମୁଁ :: ৪৬
২২. ଧେୟ ହେଉ :: ৪৭
২৩. ନୀରବତା :: ৪৮
২৪. ତୁମେ :: ৫০
২৫. ପ୍ରେମ ପରଶରେ :: ৫১
২৬. ଧୀରେ ଧୀରେ :: ৫২
২৭. ସାଗର ନାଚେ :: ৫৪
২৮. କନ୍ୟା ବଞ୍ଚାଅ :: ৫৫
২৯. ସ୍ୱପ୍ନ ଶୃଙ୍ଗାର :: ৫৭
৩০. ସାକ୍ଷୀ :: ৫৯
৩১. ଝୁରେ ଅନ୍ତର :: ৬১
৩২. ଏମିତି ଜଗତେ :: ৬৩
৩৩. ଅଲିଭା କ୍ଷତ :: ৬৫
৩৪. ଚିହ୍ନା ଜାଗାରେ :: ৬৭
৩৫. ତା' ନିଶା :: ৬৯
৩৬. ଡିଏିବି :: ৭১
৩৭. ଆଶାର ଖୁଅ :: ৭৩
৩৮. ଥରେ ବସନ୍ତରେ :: ৭৫
৩৯. ପିଆସୀ ଆଶା :: ৭৬
৪০. ଉଦ୍‌ଭ୍ରୁ ମନ ଚାହେଁ :: ৭৮
৪১. ଶ୍ରୀହୀନା କୁମାରୀ :: ৭৯
৪২. ଧନରେ ମୋର :: ৮১
৪৩. ହେ ଗୋପବନ୍ଧୁ :: ৮৩
৪৪. ଜନ୍ମ :: ৮৫

ରକ୍ତଦାନ

ବ୍ରହ୍ମାଙ୍କ ସୃଷ୍ଟିରେ ଏ ପ୍ରାଣୀ ଜଗତ
କାୟା ଗଠନରେ କ୍ଷିତି-ଆପ-ତେଜ-ବ୍ୟୋମ-ମରୁତ ।
ସର୍ବେ ଏଠି ଗୋଟେ ଆତ୍ମାର ସେବକ,
କେହି ନୁହଁ ଏଠି ଆଲ୍ଲା ଯୀଶୁ କି ଈଶ ।

ରକତ ଦେବାରେ ରକତ ଦେବା,
ସ୍ୱମନୁଷ୍ୟତ୍ୱକୁ ପ୍ରମାଣିତ କରିବା ।
ଧର୍ମ ବୋଲି ସ୍ୱତନ୍ତ୍ର ବର୍ଣ୍ଣରେ ନାହିଁ,
ଶ୍ୟାମ ଶୁକ୍ଳ ଜନ ମହୀରେ ଜନ୍ମଇ।

କଳାମୁଣ୍ଡିଆ ଧଳାମୁଣ୍ଡିଆ ସ୍ତ୍ରୀ ପୁରୁଷ,
ବାଛ ବିଚାରନ୍ତି କରି ନୀତି ବିରୂପ ।
ଚତୁର୍ବର୍ଣ୍ଣାଶ୍ରମ ଭେଦ ଜନ କରିଛି,
ରକତ ରଙ୍ଗକୁ ଅଲଗା ନ କରି ପାରିଛି ।

ବସୁଧା ମାଆର ସଭିଏଁ ସନ୍ତାନ ସନ୍ତତି,
ରହିବା ଏକତ୍ର ଦାନ ପୁଣ୍ୟରେ ମାତି ।
ରକ୍ତଦାନ ଅଟେ ମହାନ କାର୍ଯ୍ୟ,
ମହାପୁଣ୍ୟ ହୁଏ ଜନରୁ ପାଇ ଆଶିଷ ।

■

ଗୁରବେ ନମଃ

ଜନମ ଦେଇଣ ବ୍ରହ୍ମା ସମ
ଗୁର୍ବୀ ହୁଅଇ ଜନ୍ମଦାତ୍ରୀ,
ନାହିଁ ତା'ଠାରୁ କେହି ବଡ଼
ସେ ସ୍ୱର୍ଗାଦପି ଗରିୟସୀ ।

କରମ ଦେଇଣ ବିଷ୍ଣୁସମ,
ଗୁରୁ ହୁଅଇ ପିତା,
ଭରଣ ପୋଷଣେ ସଯତ୍ନେ ତତ୍ପର,
ସେ ଆକଶଠାରୁ ବିଶାଳ ।

ଦିଗ ନିର୍ଣ୍ଣୟରେ ମହେଶ ସମ,
ଗୁରୁ ହୁଅଇ ଗୁରୁଜନ,
ଭାଗ୍ୟ ନିର୍ଦ୍ଧାରଣେ ଅହର୍ନିଶ ଧ୍ୟାନ,
ସେ ସ୍ୱର୍ଗାଦପି ମହାନ ।

ଅଜ୍ଞାନ ତାମସକୁ ଦୂର କରି
ଜ୍ଞାନାଲୋକ ଜନେଷୁ ବିଞ୍ଚଇ,
ଶିକ୍ଷାଦାନ କରେ ବୋଲି
ସେ ଧରାରେ ଶିକ୍ଷକ ବୋଲାଇ ।

∎

ଆଖି ଥାଇ ଅନ୍ଧ

ମୋତେ ବୁଝୁନାହଁ କାହିଁକି?
ନାହିଁ ଅତୀତ ଅଛି ସମ୍ପ୍ରତି,
ମୁଁ ନୁହଁ ସମ୍ବନ୍ଧ ରକ୍ତରେ,
କିନ୍ତୁ ସ୍ୱାନ୍ତ ବନ୍ଧା ତବ ପ୍ରବାହ ତଟରେ ।

ମୋ ଲେତ୍ରଭିଜା ଲୋଚନ ଦେଖୁଛଟି?
କେତେ ବାକ୍ୟ କହେ ବୁଝିପାରୁନାହଁ କି?
ବିନତୀ ବିକଳେ ଅକ୍ଷିଗଲ୍ଲ ଶୁଖିଛିରେ,
ତୁଣ୍ଡ ତୁମ ଥମୁ ନାହିଁ ବାଣୀ ବାଣରେ ।

ଇଚ୍ଛା ଯାହା ତାହା ଯାଅ କହି,
ଭାବନାହିଁ ଥରୁଟିଏ କେମିତି ସହୁଥିବି ମୁହିଁ ।
ବାଛି ବାଛି ପ୍ରାପ୍ତ ତୁମ ରତ୍ନ ସମୂହକୁ,
ଶାମୁକା ଭିତରେ ମୋତି ମୂଲ୍ୟ ଗୋଟିକୁ ।

କଠିନ ପୁଣି ନାରିକେଳ ବ୍ୟଷ୍ଟ,
ସ୍ୱାଦ ଚାଖିବାକୁ ହୋଇଥାଏ କଷ୍ଟ ।
ସ୍ୱେଦସିକ୍ତ କାୟ ଶୀତରେ ଥରୁଛି,
ମୁହୂର୍ତ୍ତକେ ଚପଳତା ମସ୍ତିସ୍କ ଘାରୁଛି ।

ଘନ କାନନେ ହଜିଗଲି ମୁହିଁ,
ଦୂରାନ୍ତରୁ କେହି ଦେଖାଯାଉ ନାହିଁ ।
ଝୁଣ୍ଟିପଡେ ପାଷାଣକୁ ଗଛରେ ବାଡେଇ,
ଆଖି ଥାଇ ଅନ୍ଧ ପଥ ପାଉନାହିଁ ।

■

ମୁଁ ଅନୁଭବୀ

ମୁଁ ସରଳ ନିଷ୍ପାପ ମଧ୍ୟ,
ଦୃଢଭାବେ ବଖାଣିବି ମୁଁ ହିଁ ପୂତ ।
ମୁଁ ନିରୀହ ସୁଯୋଗେ ଯେ ଛଳନା କରେ,
ମୋ' ଠାରୁ ରକ୍ଷାପାଏ ଧର୍ମଠାରୁ ନୁହେଁ ।

ସମସ୍ତଙ୍କର କହିବାର କାରଣ ଥାଏ,
କେହି କହେ ଯେବେ କଷ୍ଟପାଏ ।
କିନ୍ତୁ ତୁମେ ଦେଖନାହିଁ କାଳ ପରିସ୍ଥିତି,
କିଏ ଅବା ବଦଳାଏ ଜନ୍ମଗତ ପ୍ରକୃତି ।

ମୁଁ ନମ୍ର ଧୀର, ନୁହଁ ବିଚଳିତା,
ଭିନ୍ନତା ହିଁ ମୋର ପରିଭାଷା ।
ସେଥିରେ ନାହିଁ ମଧ୍ୟ କୁଟିଳତା,
ତୁମେ ଅନୁଭବୀ ଜ୍ଞାତ ସେ ସ୍ଥିରତା ।

ସବୁ ଭଗ୍ନସ୍ତୂପ ପରି ଉପାଡ଼,
ଏ ବିଗ୍ରହ ଥାଇ ବି ନିସ୍ତେଜ ।
ଶେଯରେ ପ୍ରତୀକ୍ଷିତ ସ୍ୱପ୍ନରେ ଦେଖୁଛି,
ବେଗଶାଳୀ ମାନସକୁ ବଶୀଭୂତ କରିଛି ।

ମାଂସଭକ୍ଷୀ ସେ ଅବାଧ ଅନୁଭବ,
ହାଡକୁ ଦେଖେ ଅପଲକେ ବୈଭବ।
କେବେ ପୁଣି ଭୂମିରେ ମିଶିବ?
ପୁରଞ୍ଜନ ଏଠି କେବଳ ଅହର୍ନିଶଦଣ୍ଡ ।

ଝୁରିଝୁରି ଆଖି ଗହନକୁ ପଶୁଛି,
ନ ଦେଖି ମୁଷିତ ପରି ଉପଗମ ହେଉଛି
ଆବେଗ ନିମ୍ନଗା ପରି ଉଦ୍ବେଗ ହେଉଛି,
ବିକ୍ଷତ ହୋଇ ଭାଙ୍ଗିରୁଜି ଯାଉଛି,
ସମୟ ଗୋଟିଏ ଅନ୍ୟ ସଞ୍ଜ୍ଞା ନାହିଁ,
ଆସୁଥାଏ ଯାଉଥାଏ ନୂଆରୂପ ନେଇ,
କେବଳ ଏ ସବୁ ମୋ ଦୈନନ୍ଦିନ ଜୀବନର
ଅବ୍ୟକ୍ତ ଭାଷାର ସମୃଦ୍ଧ ସମ୍ଭାର ।

■

ମୋହଗ୍ରସ୍ତା ନାୟିକା

କୋଷମୂଳ ଟାଙ୍କୁରି ଉଠୁଛି ।
ନୀଳ ଧୂସର ନିର୍ଝରୀକୁ ଦେଖିଲି,
ତା'ର ରୂପରେ ମୁଗ୍ଧା ହେଲି ।
ସ୍ପର୍ଶ କଲି ତା'ର ନୀରକୁ,
ଅନୁଭବ କଲି ମଧୁରତାକୁ ।

ଆଗକୁ ଯିବାକୁ ଚାହିଁଲି,
ଭୋଗ କରିବାକୁ ଚାହିଁଲି,
ସାହାଯ୍ୟ ନେଲି ତରୀର,
ବୁଲୁଥିଲି ତରଙ୍ଗେ ନଦୀର ।

ଅନ୍ତରିକ୍ଷୁ ବହିଲା ବର୍ଷଣ ଧାର,
ଜଳମଗ୍ନ ହେଲା ନୌ ଭିତର,
ପରିଭୟେ କମ୍ପୁଥିଲା ଅଜିର,
ତ୍ରାଣକର୍ତ୍ତା ନଥିଲେ ସେଠାକାର ।

ନେତ୍ରଚ୍ଛେଦ ବକ୍ର ପକ୍ଷ୍ମଳ ଅସ୍ଥିର,
ଆନତ ଆନନ ଖୋଜିଲା ଦିଗ କୂଳର,
ଉଚ୍ଚାରଣ କରୁଥିଲା ମନ୍ତ୍ର ପ୍ରଭୁର,
ଦୂରରୁ ଦୃଶ୍ୟହେଲା ଅନ୍ୟ ବହିତ୍ରର ।

ନଉକା ସାଜିଛି ନାୟିକା ଏଠି,
ଢଳି ଢଳି ପାଦ ଚିପି ଆସୁଛି,
ଜାତି ଜାତି କୁନି ଅପ୍ସର ମାଡି ଆସନ୍ତି,
ନୌକାକୁ ଚୁମି ଚାଲି ଯାଆନ୍ତି ।

ବାରିଚରେ ଧନ୍ୟବାଦ ଦିଏ ନାବିକ,
ଆହୁଲା ମାରେ ନ'ରହି କ୍ଷଣିକ,
ବେଗେ ଆଶି ପାଖେ ପହଞ୍ଚିଲା,
ଭୀତାକୁ ଉଦ୍ଧାର କରି ବସିଲା ।

ତରଣୀ ପଡିଲା ନଦୀ ଗର୍ଭରେ,
କୃତଜ୍ଞତା ଦେଲି ଚାଳକ ଠାରେ,
ମନେପଡେ ସେ ବିକଟ ସ୍ଥିତି,
କୋଷମୂଳ ଟାଙ୍କୁରି ଉଠୁଛି ।

■

ମୁଁ ଆକାଶ

ମୁଁ ପରିବ୍ୟାପ୍ତ ଆକାଶ
ପରିସୀମା ନାହିଁ ମୋର

ଲଙ୍ଘୁଛି ଲଙ୍ଘିବି ଆଗକୁ ...
ସ୍ପର୍ଶ କରିବାକୁ ଦେବିନି କାହାକୁ
କାକଳି ଉଡନ୍ତି ମୋ ଶୂନ୍ୟତାରେ,
ନରଖି ସଙ୍କୋଚ ଡେଣା ପ୍ରସାରେ,
ବାଦଲ ଝୁଲୁଚି ମୋ କୋଳରେ,
ଗରଜି ଗରଜି ବରଷା କରେ,
ମୋ ବକ୍ଷରେ ସୂରୁଜ ବସେ
ତପ୍ତମୟ କରୁଥାଏ ପ୍ରହର୍ଷେ

ମୁଁ ସହୁନି ଆଉ ସାହୁଛି କିଏ?
ତାତଠାରୁ ବଳି କରୁଛି କିଏ?

■

ମୁଁ ଫୁଲଟିଏ

ମୁଁ ଫୁଲଟିଏ
ଫୁଟିଉଠି ପଲ୍ଲବିତ ସ୍ୱରୂପଟିଏ
ସୁରଭି ପରିକୀର୍ଣ୍ଣ ମୋ କର୍ମ,
ଆକୃଷ୍ଟ କରିବା ମୋ ଧର୍ମ

ମୁଁ କୁସୁମଟିଏ,
ଦିବାନିଶି ବାସ ଚହଟାଏ
ରଙ୍ଗ ହେଉ ପଛେ ନାଲି କି ନୀଳ,
କର୍ମ ଗୋଟିଏ ସ୍ୱର୍ଗରୁ ପାତାଳ
ନାମରେ ମୁଁ ପାରିଜାତ ପରାଗ
ପରିତଃ ଆତଯାତ ସର୍ବତ୍ର ସ୍ଥିତ ଆଗ,
ପୌଷମାସ ମୋତେ ବେଶି ସୁହାଏ
ପ୍ରସ୍ଫୁଟିତ ପୁଷ୍ପନାମେ ଏ ଲୋକରେ,

ମୁଁ ସୁମନଟିଏ
ଖିଲିଖିଲି ବିକଶିତ ପ୍ରତିଭାଟିଏ,
ଲତାଦ୍ରୁମ କାଣ୍ଡେ ଝୁଲୁଥାଏ
ଲାତାଙ୍ଗୀ ନାମେ ହସୁଥାଏ,
ବନେ ଉପବନେ ଉଦ୍ଭବ ହୁଏ
କେବେ ଝଡିଯାଏ, କିଏ ପୁଣି ଝଡେଇ ଦିଏ?

■

ମାଦକ ନିଶାରେ

ଦ୍ୱିପାଦ ଅତ୍ର ତତ୍ର ପଡୁଥାଏ
ନା ମନେପଡେ ଘର ସଂସାର?
ତଥାପି ସେ ମଜା ନେଉଥାଏ,
ନା ମନେପଡେ ବନ୍ଧୁ ପରିସର?

କି ଆନନ୍ଦ ସେ ପାଉଥାଏ?
ନା ମନେପଡେ ଶରୀର ଆର୍ତ୍ତତା?
ସବୁକିଛି ମଦଜଳେ ଲୁପ୍ତ ହୁଏ,
ନା ମନେପଡେ ଅପୂର୍ଣ୍ଣ ବାଧ୍ୟତା?

ସତ୍ୟୋକ୍ତି ସ୍ୱତଃ ବାହାରେ,
ଜାଣିପାରେ ନାହିଁ ଅଜ୍ଞାନଟି
ଆଶାକରେ ବହୁଗଳ୍ପ କରିବାକୁ
ସ୍ମୃତିକୁ ସାଉଁଟି ଜହ୍ନ ଆଲୁଅରେ ।

ସ୍ମିତ ହସି ପୋଛୁଥାଏ ଲୁହକୁ,
ଶାନ୍ତ ସମୀରେ ରଜନୀ ବେଳାରେ
ନିଦ ମାଡିଆସେ ଆଖିକୁ,
ନିଘୋଡ ନିଦରେ ଶୋଇଯାଏ ।

ରାତ୍ରିନ୍ଦିବାର ଅଜ୍ଞାନ ଗଣନାରେ,
ମେଦିନୀ କୋଳେ ନିସ୍ତେଜ ହୁଏ ।

■

ପ୍ରେମାଗ୍ନି

ଦେହ ଜଳେ ପ୍ରୀତି ପରଶରେ,
କ୍ରୋଧର ସାଗରେ ପୁଣି ଜୁଆର;
ତା'ର କି କାମ ସେଠାରେ?

ଅଭିମାନର ଆଗ୍ନେୟ ଉଦ୍ଗିରଣେ,
ପ୍ରେମ ବାରିଧିରେ ଆଜି ଝଡ ଉଠିଛି;
ସୁନାମୀ ନାମର ଅବକାଶେ ।

ଗର୍ଜନ କରି ମାଡି ଆସୁଛି,
ତା'ର କାର୍ଯ୍ୟ ପରିସରକୁ;
ଝିମ୍ ଝିମ୍ କରି ଟାଣି ଧରୁଛି ।

କୂଳରୁ ଆହୁଲା ଯାଏଁ .
ପ୍ରକୋଷ୍ଠରୁ ଅଗଣା ଯାଏଁ;
ମନରୁ ପ୍ରାଣ ଆଉ ବିଗ୍ରହରୁ ମାଟି ଯାଏଁ ।

ଏଠି ବୁଦ୍ଧି କେଳି କରୁଛି,
କିନ୍ତୁ ତାଳ ଲୟର ଅଭାବ;
ସମରାଙ୍ଗଣେ ପ୍ରେମାଗ୍ନି ଜିତୁଛି ।

ହୋତା ହୋଇ ଆହ୍ୱାନ କରେ,
ଏତେ କ୍ଷୀପ୍ର ସେ ପ୍ରେମାଗ୍ନି;
ଜାଳିଦେବ ନିମିଶକେ ସବୁଠାରେ ।

■

ରଜନୀ ବେଳାରେ

ଅନ୍ଧାର ରଜନୀ ବେଳାରେ
କ୍ଷୀଣ ଦୀପାଲୋକ ପରିସରେ
ଶୀତ ସମୀର ପରିବେଶରେ
ଉପହତା ବାଳୀ ଅଶାନ୍ତ ଚିତ୍ତରେ ।

ନିଃଶବ୍ଦ ନିର୍ଜନ ବେଳାରେ
ସୁଷୁପ୍ତ ପ୍ରଣୟ ବେଳାରେ
ତପ୍ତ ଦେହାକର୍ଷଣରେ
କୁମୁଦିନୀ ଉଠେ ଆହ୍ଲାଦରେ ।

କଡ ଲେଉଟାଏ ଧୀରେ କଟରେ
ଶ୍ରୁତିଗମ୍ୟ ନହେବ ଅପରଠାରେ
କଳା କୌଶଳ ଆଗରେ
କିଏ ସେ ତା'ଠାରୁ ବଳିଯିବରେ ।

ଅଳସ ଭାଙ୍ଗୁଛି ମଉନମୁହିଁ
ପ୍ରଶ୍ନର ଉତ୍ତର ଦେଉ ନାହିଁ
ହସିଦିଏ ଯେବେ ହଳଦୀମୁହିଁ
ଧରା ପଡିଯାଏ ବାଟ ପାଏନାହିଁ ।

ମକ୍ଷିକା ମଶକ ଗୀତ ଗାଆନ୍ତି
ରାତ୍ରି ବେଳାରେ ଉଡି ବୁଲନ୍ତି
ମଉଜ ମଟାଳେ କ୍ରିଡା କରନ୍ତି
ଜୀବିକା କରି ଚାଲି ଯାଆନ୍ତି ।

■

ମହମବତୀ

ମହମବତିଟି ଜଳୁଛି ଖୁଏ
ଆଲୋକିତ କରେ ଚାରି ପଟରେ
ଅଗ୍ନି ଶିଖାକୁ ଦେଇଛି ମେଲି
ସ୍ୱଧର୍ମ କରୁଛି ନକରି ଡେରି

ଚତୁର୍ପାର୍ଶ୍ୱ ତା'ର କ୍ଷତବିକ୍ଷତ
ବିରତି ଦିଏନି କ୍ଷଣେ ଆରତ
ମାନବ ଜାତିକୁ ଶିକ୍ଷାଦିଏ
ନିଜେ କାନ୍ଦି ଅପରେ ହସାଏ

ପବିତ୍ରତା ତା'ର ଆଦର୍ଶ ସ୍ଥାନୀୟ
ଗୁଣିଆ ଚିହ୍ନେ, ଗୁଣ କାହାର?

∎

ଭଲପାଏ ମାଟିକୁ

ମୁଁ ଭଲପାଏ ମୋ ମା'କୁ
ମାଟିର ପ୍ରତିଟି ଅଂଶକୁ,
ମଲମ ହେବି ଝରଣା ହୋଇ
ପ୍ରକାଶ ଦେବି ଅରୁଣ ହୋଇ ।

ମୋ ଶ୍ରମଘର୍ମେ ପୋଛିବି,
ତା' ମଳିନ ବିବର୍ଣ୍ଣ ମୁଖ
ଲିଭେଇବି କଳା ବାଦଲ,
ଝଲସିବ ଭାସ୍ୱର ସୁବର୍ଣ୍ଣ ଅନୀକ ।

ମାଟିର ଲୁହରେ ଭିଜିବି ପ୍ରତିକ୍ଷଣେ,
ରଖିବି ସମ୍ମାନ ଜାତିର ପ୍ରତିଦାନେ
ବର୍ଣ୍ଣିଳା ସୁଶୀଳା ପୂତା ମାନ୍ୟା,
ଏଇ ମୋ ଦେଶ ମୁଁ ତା'ର କନ୍ୟା ।

∎

ଦୀନାର ଭାବନା

ଦୀନା ଦୁଃଖିନୀ କିଶୋରୀଟିଏ,
ବାହ୍ୟରେ ବୃଥା ହସ ଫୁଟାଏ ।
ଲୁହକୁ ଲୁପ୍ତ ରଖେ ହୃଦୟେ,
କୁଶଳେ ଅଛି ବୋଲି ଜଣାଏ ।

ମନ୍ଦ ବିଚାରେନି କାହାଠାରେ,
ଆଶିଷ ଦିଏ ଭିନ୍ନ ସ୍ୱରରେ ।
ମଧୁର ଲାଗେ ମହୁ ପାଟିକୁ,
ଅତି ବିଶେଷେ ଡାକେ ରୋଗକୁ ।

ଦେଖିବା ଲୋକ ଅଛନ୍ତି ବହୁ,
ଶାନ୍ତ ନହୁଏ କ୍ଷଣକେ ଆଉ ।
ନୁହଁ ସୁମନ ନୁହଁ ଚପଳା,
ଆଜି ନିର୍ବୁଜ ରୂପା ଫରୁଆ ।

ଯାହା କିଛି ଅଦୃଶ୍ୟ ଜଗତେ,
ସବୁଅଛି ଈଶ ଆଚ୍ଛାଦିତେ ।
ପ୍ରତି ଆତ୍ମାରେ ଥାଏ ପ୍ରତିଭା,
କିଏ ବିକଶିତ କିଏ ଅପ୍ରକାଶିତ ।

■

ଯେବେ ମନେପଡେ

ମନେପଡେ ସେହି ନିଝୁମ ତାମସୀ
ହୋଇଥିଲା ପୂର୍ଣ୍ଣମୀର ପୁଣ୍ୟତିଥି,
ଶାନ୍ତ ସମୀରଣେ ଅଶାନ୍ତ ବାଲୁକୀ
ତରାଙ୍ଗୟିତ ସ୍ରୋତସ୍ୱିନୀ ଲହରୀ ।

ପାଶେ ଥିଲେ ଅନ୍ତରଙ୍ଗ ସାଥୀ,
ଗାଉଥିଲି ପ୍ରଣୟ –ସୁରଭି ଗୀତି ।
ଦେହଦୀପେ ମିଶୁଥିଲା ଆବିର୍ମୁଖୀ,
ଭଦ୍ରସ୍ୱପ୍ନ ଦେଖୁଥିଲୁ ଦୁହେଁ ମିଶି ।

ବାହୁବଳ ଘନାକର୍ଷଣର ସ୍ଥିତି,
ତାରକା ମେଳିର ହସ ଝିକିମିକି
ସଂସୃଷ୍ଟ ସାମୁଦ୍ରିକ କମ୍ପନ ଗତି,
ବେଳାଭୂଇଁର ଶିଥିଳ ବାଲୁକାରାଶି ।

ଭୂମିରେ ପତିତ କଳେବରୁ ଖସି,
ଶିହରଣେ ଆମୋଦିତା ନିରିମାଖୀ ।
ଢେଉର ବାଧାରେ ମୁହାଣର ସ୍ଥିତି,
ରକ୍ତମୁଖା ପରି ଧାଏଁ କେଶରିଣୀ ।

■

ବେଳାଭୂମିରେ ଥରେ

ସନ୍ଦେହ ତୀରେ ମୁଁ ଅପରାଧିନୀଟିଏ,
ଶାମୁକା ସାଉଁଟି ମୋତି ଠାବ ହୁଏ
ଉଜ୍ଜଳ ଶୁଭ୍ର ସେ କମନୀୟ ମୋତି,
ଆଖି ଲାଖି ଯାଏ ବିବର୍ଣ୍ଣତ୍ଵ ଦେଖି ।

ପବନ ଈର୍ଷାକରେ ମୋ ଖୁସିକୁ ଦେଖି
ଗର୍ଜନରେ କ୍ଷିପ୍ର ହେଲା ସାଗର ଲଙ୍ଘି,
ଶୀତଳ ସମୀରେ ମୁଁ ଶୀତେଇ ଗଲି,
ଅଦୃଶ୍ୟେ ସ୍ୱମୂର୍ତ୍ତୀ ଜାବୁଡି ଧରିଲି ।

କେବଳ ଶୂନ୍ୟତାର ଦୁଃଖ ଆବରଣେ,
ସ୍ୱପ୍ନ ଦର୍ଶନର ମିଥ୍ୟା ପାରାବାରେ ।
ଧାଉଁଥିଲା ଆଦର୍ଶନୀୟ ପଛରେ,
ସ୍ୱାମିତ୍ୱର ମୃଗତୃଷ୍ଣା ସମୂହରେ ।

ସମୁଦ୍ର ଜଳରାଶି ଅଶାନ୍ତ ହେଲା,
ତରାଙ୍ଗାୟିତ ଜଳ କୂଳ ଲଘିଂଲା
ତୀବ୍ର ଉତ୍ତପ୍ତ ଜଳର ଛୁଆଁରେ,
ଶାମୁକାର ସୁଉଜ୍ଜଳ ପ୍ରକାଶରେ ।

କିଞ୍ଚିତ୍ ମନୋରମ ପରିବେଶରେ,
ନୀଳାଭର ଦାଉ କ୍ଷୀଣ ଅନୁଭବେ ।
ଶୈତ୍ୟକାୟ ଉଷ୍ମତାରେ ପଦାର୍ପିତ,
ଶାନ୍ତ ଭାବ ଅଶାନ୍ତ ଅସ୍ୱାଭାବିକ ।

ବାଲୁକା ରାଶିରେ ଲୋଟିପଡି ସେ ଯେ,
ବାହୁନୁଥିଲା ସ୍ୱ ଅତୀତକୁ ଏ ଯେ,
ସାକ୍ଷୀକରି ବଖାଣୁଥିଲା ଅଭ୍ରକୁ,
ସିନ୍ଧୁ ଭୁଲିବ ନିଜର ମୁକୁତାକୁ ।

■

ଓଁ ସାଇ

ମୁଁ ଭକ୍ତି କରେ ସାଇଙ୍କୁ
ଦେଖେ ଅଭୟ ଛବିକୁ
ଜ୍ୟୋତିର୍ମୟ ଶ୍ରୀମୁଖକୁ

ଅର୍ପଣ କରେ ଫୁଲକୁ
ପ୍ରିୟ ଅଙ୍ଗୀ ଗୋଲାପକୁ
ସ୍ୱାନ୍ତର ସବୁ ମୋହକୁ

ମୁଁ ଜପେ ସାଇନାମକୁ
ଶୁଣେ ଅସୀମ ଗୁଣକୁ
ପ୍ରାଣ ଲଭେ ପ୍ରଶାନ୍ତିକୁ

ସତ୍ ସାଇ ଗୁରୁ ସାଇ
ପୁରୁଷ ପ୍ରତିମା ସେହି
ଶ୍ରୀରାମ ଅମୃତ ସାଇ ।

■

ବାସିଫୁଲ

ଦେହର ତାତି କମୁନି ମୋର
କୁହୁଡିର ଆର୍ଦ୍ର ଆଲିଙ୍ଗନେ,
ପାରୁଛ ଯଦି ହିମବାହ କର
ଶଙ୍ଖୁଳିବି ମନ୍ଦିରକୁ ଗୋପନେ ।

ଅନ୍ୟ ସ୍ୱପ୍ନରେ ବ୍ୟସ୍ତ ଥିଲି,
ବହୁଦୁଃଖେ ଜର୍ଜରିତ ହେଲି,
ନିଶ୍ଚିତତା ବାସିଫୁଲ ହେଲା
ସମ୍ଭାବନା ଫାଟକ ଜଗିଲା ।

ସେହି ପୂର୍ଣ୍ଣମୀର ଜହ୍ନ ହିଁ ସାକ୍ଷୀ
ତୁମେ ପ୍ରଶ୍ନ କର ପ୍ରିୟପତି,
ମୁଁ ତୁମ ଶତଦଳ କୌମୁଦୀ
ସ୍ୱଚ୍ଛ ଶୀକର ପ୍ରକୃତିର ଆଦି ।

ଅନୁଶାସନର ବନ୍ଧ ଏଠି
ସବୁଅଛି ବିଧି ବ୍ୟବସ୍ଥିତ,
ଯତ୍ନରେ ଅଛି ରତ୍ନଟି ପରି
ଜାଣିବ ଦିନେ ନିତ୍ୟ ଜଗତ ।

ଗହମ ନାହିଁ ମହମ ନାହିଁ
ଅଛି କୃଷ୍ଣ ମୃତ୍ତିକାର ଛିଟା,
ସ୍ୱପ୍ନ ନୁହଁ ସତ୍ୟରେ ଦେଖିବି
କଥା ଦେଲି ଆଗୋ ପ୍ରିୟ ସଖା ।

■

ବିନୟୀ ମନ କହେ

ପୃଥାର ସ୍ୱଭାବକୁ ଅନୁସରେ
ସ୍କନ୍ଧର ଅଙ୍ଗକୁ ସ୍ନେହ କରେ
ତା'ର ଚିତ୍ତର ଶିଷ୍ଟ ଚିନ୍ତନକୁ ।

ବାୟୁ ସମ ବ୍ୟଜନ କରେ
ଅମ୍ବର ପରି ଆଚ୍ଛାଦିତ କରେ
ସବୁ ପାପ ଆଉ ପୁଣ୍ୟକୁ ।

ଅନ୍ତଃ ଆବର୍ଜନାକୁ ମେଘ ସମ ଧୁଏ
ତଥାପି ମୋ ସନ୍ତାନ କହେ
କ୍ରୁର ବ୍ୟବହାର ଦେଖାଏ ଅନ୍ୟକୁ ।

ମୁଁ ଅଭାବି ବିନୟୀ ମନଟିଏ
ଅତି ଆଦର ଶଙ୍କନୀୟ ଭୁଲିଯାଏ
ପରିଧାନ ଛିଦ୍ର ଖୁସି ପାଇବାକୁ ।

ସୁନ୍ଦର ନୁହ ନିଶ୍ଚିତ ବର୍ଣ୍ଣରେ
ମନୋହର ଅବଶ୍ୟ ଗୁଣ ଚାତୁର୍ଯ୍ୟରେ
ଭେଦ କଲେ ପାଏ ମୁମିଷ୍ଟ ରସକୁ ।

ମଧୁପର ବାରମ୍ବାର ଆକ୍ରୋଶେ
ପ୍ରଜାପତିଟି ଡରୁଛି ବସିବାକୁ ଅଙ୍ଗେ
କିନ୍ତୁ ଚିହ୍ନ ଦେଉଛ ଗୋଟାଇ ସ୍ମୃତିକୁ ।

■

କୋହ କାନ୍ଦେ

ପୀଡା ଅନୁଭବ କରିବାକୁ ଦିଅ
ଏକାକୀ ନିର୍ବାସନେ ରହିବାକୁ ଦିଅ,
ବିଗତ ବର୍ତ୍ତମାନ ସହ ବସିବି ମଝିରେ
ଦୁହିଁଙ୍କୁ କହିବି ସୁଖଦୁଃଖ ମେଞ୍ଚାଏ ।

ଆଖିକୁ କନ୍ଦାଉଛି ଏ ହୃଦୟ
ମାନସିକ ଶୋକ ଛାଡୁନି ପାଖ,
ଆହ୍ଲାଦେ ହେଉ ଅବା ଶଠତାରେ
ନ୍ୟାୟରେ ହେଉ କିମ୍ବା ମିଥ୍ୟାରେ ।

ଆଙ୍ଗୁଠି ସର୍ବଦା ବକ୍ର ହେଉଛି
ସ୍ତ୍ରୀ ପ୍ରକୃତିକୁ ସମାଲୋଚନା କରୁଛି,
ପାଗଳୀ ବୋଲି କର ଉପହାସ
ଏ ମନରେ ତୁମ୍ଭର ଛବି ସର୍ବଦୈବ ।

ସୀତା ଓ ସତୀକୁ କରୁଛି ତୁଳନା
କଇଁର ସ୍ୱଭାବକୁ କ'ଣ ଦୃଶ୍ୟ ହୁଏନା?

■

କେତେଦିନ?

କେତେଦିନ ଆଉ ପୀଡା ପାଉଥିବି?
କ'ଣ ଏ ବ୍ୟାଧିର ଔଷଧ ନାହିଁ?
କେତେଦିନ ନିରୋଳାରେ ରହୁଥିବି?
କ'ଣ ଏ ନିଃସଙ୍ଗତାର ଅନ୍ତଃ ନାହିଁ?

କେତେଦିନ ଏକାକୀ କାନ୍ଦୁଥିବି?
କ'ଣ ହସ ଅଧରେ ଫୁଟିବ ନାହିଁ?
କେତେଦିନ କ୍ଷାର ଲୁହ ପିଉଥିବି,
କ'ଣ ମିଷ୍ଟତା ଅନୁଭବ ହେବନାହିଁ?

କେତେଦିନ ସ୍ୱପ୍ନକୁ ଆଖି ପଲକେ ସଜେଇବି,
କ'ଣ ସତ୍ୟର କେନ୍ଦ୍ରବିନ୍ଦୁ ହେବନାହିଁ?
କେତେଦିନ ଦର୍ପଣରେ ସ୍ୱଛବି ଦେଖୁଥିବି?
କ'ଣ ଅନ୍ୟ ପ୍ରତିରୂପ ମିଳିବ ନାହିଁ?

କେତେଦିନ ଅଦେଖା ବିଗତକୁ ଭାବୁଥିବି,
କ'ଣ ବର୍ତ୍ତମାନ ଅତୀତର ରୂପ ନେବନାହିଁ?
କେତେଦିନ ପୂର୍ବ ସ୍ମୃତିରେ ଲୁହ ଢାଳୁଥିବି?
କ'ଣ ସ୍ମୃତି ଯଥାର୍ଥରୂପ ହେବନାହିଁ?

■

ମୋଠାରେ ମୁଁ

ପାରିପାର୍ଶ୍ୱିକ ସତେଜତା
ସ୍ୱରର ଶାବ୍ଦିକ ମୂର୍ଚ୍ଛନା
ମଳୟର ଗଭୀର ପରଶ
ଚନ୍ଦ୍ରର ବିସ୍ତୃତ ପିୟୁଷ

ପ୍ରଫୁଲ୍ଲିତ ଗାତ୍ର ଓ ପ୍ରାଣ
ପୃଥ୍ୱୀ ସଞ୍ଚାରେ ଶିହରଣ
ଦିଗନ୍ତରୁ ପ୍ରାରବ୍ଧ ଧ୍ୱନି
ଦିଗମଧ୍ୟେ ପାପକୁ ଜିଣି

ମୁଁ ମୋ ଆତ୍ମାରେ ବିଦ୍ୟମାନ
ତୁମେ ମଧ୍ୟ ସେହି ପରମ
ସ୍ୱ ତତ୍ତ୍ୱକୁ କର ବୋଧନ
ମୁଁ ହିଁ ବ୍ରହ୍ମ ଓ ସନାତନ ।

■

ଧେୟ ହେଉ

ଶିକ୍ଷାର ପୂଜାରୀ ! ଅଗ୍ରସର ହୁଅ
ଶିକ୍ଷାଦାନ ମହାପୁଣ୍ୟ ବ୍ରତ କରି
ଗତିକର ଫୁଲ ଅବା କଣ୍ଟା ମାଡି
ଗାନ୍ଧାରୀ ମନ୍ତ୍ରରେ କୁନ୍ତୀକୁ ଜାବୁଡି ।

ମନେପଡେ ନିଃସ୍ୱ ଏକଲବ୍ୟ କଥା
ଜ୍ଞାନ ହେଉ ଆଚରଣ ସଂସ୍କାର,
ସୁଯୋଧନ ହେଉ ବା କର୍ଣ୍ଣର ମାନ
ମଥାନତ ସଦା ଗୁରୁ ଶ୍ରୀଚରଣେ ।

ଅନୁସର ବୀର ସନ୍ତାନକୁ ଏଠି
ପୂତକର ଜନ୍ମ ଭୂମିର ଅଙ୍କକୁ
ଧେୟକର ଗୁରୁଶିଷ୍ୟ ସମ୍ପର୍କକୁ
କର୍ମ ତୀବ୍ରକର ସମ୍ପ୍ରଦାୟେ ରହି ।

■

ନୀରବତା

ଅରସ ମୁଖ ଲୁଚାଏ ନୀରବତା
ଥରିଲା ଓଠ ବଖାଣେ ବ୍ୟାକୁଳତା,
ଭୁଲତାର କୁଞ୍ଜ ଶିହରାଏ ମନ
ଦୋହଲି ଯାଏ ଚିରାଚରିତ ସ୍ୱପ୍ନ ।

ଯେବେ ହୁଏ ତୁମ କ୍ଷଣିକ ଦର୍ଶନ
ନିର୍ମମ ଆବେଗ ହୁଏ ଭିତ୍ତିହୀନ,
ବାଦଲର ଭିଡ ଜମିଛି ଅମ୍ବରେ
ତଥାପି ତୁମ ରୂପକୁ ନିରେଖି ଦେଖେ ।

କେତେ ଆଶ୍ୱାସନା ଦେବି ପ୍ରଶ୍ୱାସକୁ
ପଣସ ଖାଇ ଅଠା ଦେଲି ମୁଣ୍ଡକୁ,
ଅନ୍ତରର କୋହ ବହେ ହୋଇ ଲୁହ
କେମିତି ଜଣେଇବି ତୁମେ ହିଁ କୁହ ।

ଯାହା କଥା ଚତୁର୍ଦ୍ଦିଗେ ହୁଏ ଚର୍ଚ୍ଚା
ସେ ନାୟିକା ବୋଝ ହେଲା ବୋଲି ବାର୍ତ୍ତା,
ଜାଣିଛ ! ମୁଁ ମତ୍ତ ନ ଥାଏ ବିରତି
ତୁମର ପ୍ରତ୍ୟେକ ଚିହ୍ନ ବିଶେଷ ସ୍ମୃତି ।

■

ତୁମେ

ତୁମ ବିନା ଆଉ ନ ପାରିବି ରହି
ତୁମ ବିନା ମୋର ଅସ୍ତିତ୍ୱ ହିଁ ନାହିଁ?
ଦୂର ହୋଇଯିବି ଯଦି ତୁମଠାରୁ,
ଦୂର ହୋଇଯିବି ତେବେ ନିଜଠାରୁ ।

ହେ ଦରଦୀ ବନ୍ଧୁ ହୃଦୟ ରସିକ,
ତୁମେ ଅଧମର ନିରତ ପ୍ରେମିକ
କ୍ଷଣଟେ ନ ହେଉ କେବେ ବିନା ତୁମ,
ପ୍ରତି ପ୍ରଶ୍ୱାସରେ ଥାଉ ତୁମ ନାମ ।

ତୁମେ ଯେଣୁ ମୋର ହୃଦସ୍ପନ୍ଦେ ପ୍ରିୟ,
ତୁମକୁ ଦେଲି ମୋ ସମଗ୍ର ସମୟ ।

■

ପ୍ରେମ ପରଶରେ

କୋପୀ ସୂର୍ଯ୍ୟ ଶାନ୍ତ ହୋଇଯିବ ଯେବେ
ଆସିବ ତୁମେ ଚନ୍ଦ୍ରର ଚନ୍ଦ୍ରିକା ସାଥେ ।
ମୁଁ ଏଠି ସଜେଇ ବସିଛି ଉତ୍ପଳ ସାଜି
ଦେବୀ ଗଳାରେ ଚୁମ୍ବନ ପ୍ରୀତି ପତଙ୍ଗ ସାଜି ।

ଢାଙ୍କିଦେବ ମୋ ଶ୍ରୀମୁଖ ତୁମ ବାହୁ ବନ୍ଧନେ
ନରମ ପରଶେ ସରମି ଯିବି ତୁମ ଶ୍ୱାସ ଶିହରଣେ,
ମସ୍ତକେ କର ରଖିଣ ଆଶିଷ ଢାଳିଦେବ ଆଞ୍ଜୁଳେ
ସୌଭାଗ୍ୟବତୀ ହସୁଥିବି ଅଜ୍ଞ ମଧୁ ବରଷିବି କାନେ ।

ଅଶ୍ରାନ୍ତ ପୁଲକ ଶେଷ ନାହିଁ ତା'ର
ଅଙ୍ଗେପ୍ରେମ ମୌସୁମୀ ଭରେ,
ଚାରୁ ସିନ୍ଦୁରୀ ମୁଁ ରକ୍ତ ଜବା ଫୁଲ
ଲୋଟିପଡେ ତବ ପାଦ ପଙ୍କଜରେ ।

■

ଧୀରେ ଧୀରେ

ସ୍ୱପ୍ନ ହଁ ମୋର ସ୍ୱପ୍ନ
ଧୀରେ ଧୀରେ ଆସିବୁ
ମୋ ପାଖରେ ବସିବୁ
ସ୍ମୃତି ହେବୁ ମୋ ଜୀବନେ ।

ଜହ୍ନ ହଁ ମୋର ଜହ୍ନ
ଧିରେ ଧିରେ ଉଇଁବୁ
ତାରକାକୁ ଛୁଇଁବୁ
ଆଲୁଅ ବିଞ୍ଚିବୁ ପଥେ ।

ପ୍ରେମ ସେ ମୋର ପ୍ରେମ
ଧିରେ ଧିରେ ଚାଲିବୁ
ହୃଦୟକୁ ଡେଇଁବୁ
ଘର କରିବୁ ଆତ୍ମାସଙ୍ଗେ ।

ଦେବ ସେ ମୋର ଦେବ
ଧିରେ ଧିରେ ରହିବୁ
ସରଗଟେ ଗଢ଼ିବୁ
ସାଥୀହେବୁ ଆକାଶ ସାଥେ ।

ବାସ ସେ ମୋର ବାସ
ଧିରେ ଧିରେ ମହକିବୁ
ରାତିରେ ଫୁଟୁଥିବୁ
ମଲ୍ଲି ହରଗୌରା ସାଥେ ।

■

ସାଗର ନାଚେ

ଉଦଧି ଆଜି ନାଚୁଛି ଭଉଣୀ ସାଜି
ଝୁମୁ ଝୁମୁ ପାଦ ପାଳିକା ସ୍ୱନରେ ବାଜି ।
ବର୍ତ୍ତୁଳ ଅଭିଷେକେ ସ୍ୱବେଶଭୂଷା ହୋଇ
ସାଜେ ଶ୍ୟାମଳୀ ସବୁଜିମା ବକ୍ର ପ୍ରକୃତି ।

ନୀଳମଣୀ ସାଜି ନଭଧୂମେ ଉଭା ହୋଇ
ଶଙ୍ଖାରୀ ବେଶେ ଘୂରିଆସେ ସଙ୍ଗୀତ ଗାଇ ।
କୁଳୁକୁଳୁ ନାଦ ତା'ର ସୁମଧୁର ରାଗିଣୀ,
ସୌଦାଗରକୁ ପରଖି ନିଏ ମନ କିଣି ।

■

କନ୍ୟା ବଞ୍ଚାଅ

କନ୍ୟା ତୁମ୍ଭର ଉତ୍ତରୋତ୍ତର ସାମ୍ପ୍ରତ,
ବିସ୍ମୃତ ! ଜନ୍ମ ଦେଇ ହୋଇଥିଲା ମାତ ।
ଗର୍ଭରେ ଥାଇ ଦେଇଥିଲୁ କେତେକଷ୍ଟ,
ଦଶମାସ ସହୁଥିଲା ଗୋଇଠା ଲାତ ।

ଭୂମିଷ୍ଠ କରିଛି ସେହି ବରସ୍ତ୍ରୀ ତୋତେ,
ନାମ ଦେଇ ପରିଚିତ କରିଛି ତୋତେ ।
ଶିଶୁର କୈଶୋର ଅବସ୍ଥାରେ ପାର୍ଥକ୍ୟ,
ତୋ'ର ଶିଶୁଟିଏ ହେଲେ ବୁଝିବୁ କଷ୍ଟ ।

ତୋର ହସ ମୁଠାକୁ ସାଇତିବା ପାଇଁ
ସେ ପି' ଯାଏ ଯାତନାକୁ ଅମୃତ କହି,
ଦ୍ୱାରବନ୍ଧେ ପ୍ରତୀକ୍ଷାରେ ବସିଥାଏ
ଧନ ଆସିଲେ ଖୋଇଦେଇ ତୁନି ହୁଏ ।

ସୃଷ୍ଟିରେ ଆଦ୍ୟ ସ୍ରୋତ ସର୍ଜନାର କେନ୍ଦ୍ର
ଜାୟା ପରି ସାଥେ ରହେ ସଦା ସହିତ,
ପ୍ରଣୟ ଯଷ୍ଟି ଢାଳେ ଅଧରେ ଯତନେ
ଅର୍ଦ୍ଧାଙ୍ଗିନୀ ସୁଖଦୁଃଖେ ରହେ ମଉନେ ।

■

ସ୍ୱପ୍ନ ଶୃଙ୍ଗାରସ୍ୱ

ଶିତୁଆ ଗଗନେ ଉତ୍ଫୁଲ୍ଲ ପ୍ରେମୀ ସାରସ
ଡେଣା ଝାଡି ନାଚିନାଚି କରନ୍ତି ମଉଜ ।

ଜହ୍ନରେ ! ତୋତେ ଖୋଜୁଥିଲା ସେ ସପନରେ,
କେବେ ନିରୋଳାରେ କେବେ ଶୃଙ୍ଗାର ବେଳାରେ ।

କାନ୍ତ ଥିଲେ ନିଜ ଅନିନ୍ଦ୍ୟ ରୂପସୀ ପାଶେ,
ମହକିଲା ଘର ଗଭାର ଗଜରା ସାଥେ ।

କି ସୁନ୍ଦର ଆହା କି ରମ୍ୟ ମୂହୁର୍ତ୍ତ?,
ଯୁଗଳ ବନ୍ଦୀ ଦୁହେଁ ସାଜିଲେ ଶ୍ରୀମୁଖ ।

ସୌମ୍ୟ ହସରୁ ଝରି ପଡୁଥିଲା ସଙ୍ଗୀତ
ସୁଷମା ମଣ୍ଡିତେ ସାଦର କଲେ ବିଳାସ,

ସାତସୁରେ ବନ୍ଧାଥିଲେ ମନକୁମାର
ଦିବ୍ୟ ପରଶେ ଫୁଟୁଥିଲା ପ୍ରେମିକା ତାର ।

■

ସାକ୍ଷୀ

ଏ ରାତିର ଜହ୍ନ ସାକ୍ଷୀ
ମୁଁ ତୁମକୁ କରୁଛି ପ୍ରୀତି
ହଁ ଝୁରେ ମନ ଦିନରାତି,
ଶୁଣିବକି ହାଁ ହାଁ
ଦେଖିବକି ହାଁ ହାଁ
ମୋ ମନ ଗହନର ଛବିକୁ
ଫଗୁଣର ଉଷ୍ମ ପ୍ରେମକୁ ।

ଚିକ୍ ମିକ୍ ତାରାମେଳେ ବସି
ତୁମ ଆଳାପେ ହୁଏ ମୁଁ ଖୁସି
ହଁ ଝୁରେ ମନ ଦିନରାତି
ଜାଣିବକି ହୁଁ ହୁଁ
ଦେଖିବକି ହୁଁ ହୁଁ
ମୋ ଅଙ୍ଗର ପ୍ରତିଟି କୋଷକୁ
ଝୁରେ ତୁମ ନିରବତାକୁ ।

ଶୀତ କୁହୁଡିର ଫୁଲ କହେ ହସିହସି
ମୁଁ କାହିଁକି ବସିଛି ରୁଷି
ହଁ ଝୁରେ ମନ ଦିନରାତି
କହିବକି ହେ ହେ
ଦେଖିବକି ହେ ହେ
ମୋ ଶୀତ ସକାଳର ରୂପକୁ
ସମୀରେ କମ୍ପନ ଧ୍ୱନିକୁ ।

■

ଝୁରେ ଅନ୍ତର

ଯେବେ ଅତୀତ ସଙ୍ଗୀତ ଶୁଣେ
ସେବେ ହୃଦ ତରଙ୍ଗ ସେପାରୀ ହୃଦକୁ ଝୁରେ,

ଆସିଛି ଏକା ରହିଛି ଏକା
ଚାଲିଯିବି ଦିନେ ଏକା ହୋଇ,
ବନ୍ଧୁ ପରିଜନେ କାନ୍ଦିବେ କେବଳ
ସାଥୀହେବେ ନାହିଁ ଜୁଇଯାଏ କେହି ।।

ମାନ ଆଉ ସ୍ଥାନ ଗଠନ ହୁଏ
ଆପେଆପେ ମଣିଷ କର୍ମରୁ,
ପରଖିନେଲେ ପରିଚିତ ହୁଏ
ନ ପରଖିଲେ ଅଜୀର୍ଣ୍ଣ ହୁଏ ଅନ୍ତରୁ ।।

ଦୃଶ୍ୟମାନ ଏ ମୋହ ଜୀବନେ
ଆଉ କେବେ ହେବ ଦେଖା,
ଜାଣିଛି ତୁମରି ସ୍ନେହର ଗାରିମା
ତୁମେ ହିଁ ଦିନର ପରମ ସଖା ।।

ସୁସ୍ୱାଦ ଅନ୍ନ ରୁଚୁନି ଜିହ୍ୱାକୁ
ପେଟ ଭୋକ ପେଟ ସହୁଛି ବୃଥାକୁ,
ତଥାପି ଭୁଲିନି ମୃଗ ତୃଷ୍ଣାକୁ
ଧାଇଁ ପଡି ଖୋଜେ ରତ୍ନକୁ ।।

■

ଏମିତି ଜଗତେ

ନିଃସଙ୍ଗ ଭୂଘନ ନିରିମାଖି ମନ
ହାଇଁ ପାଇଁ ହୋଇ ରହେ
ଭଙ୍ଗୁର ସ୍ୱପନ ପ୍ରଲୁବ୍ଧ ଜୀବନ
ଓଠରୁ କାକର ଝରେ ।

ଶକଟ ଅଚଳ ମହୀଷ ଦୁର୍ବଳ
ସଳଖି ପାରୁନି ଆଉ
ପ୍ରଭାବ ସରଳ ନଦୀ ଥଳକୂଳ
ପାଦ ଥମେ ଯାଉ ଯାଉ ।

ଶ୍ରୀଯୁକ୍ତ ଜନମ ଶ୍ରୀହୀନ ମରମ
ଶୁଭାଶୁଭ ରହିଥାଏ
ଭାଗ୍ୟରେ କରମ ଦୁର୍ଭାଗ୍ୟେ ମରମ
ଯଶ ଦୁର୍ବାଦ ସିନା ପାଏ ।

ଅମୋଘ ବାଣ ପେଶିଲେ ଜାଣ
ସ୍ୱୟଂ ଗର୍ଭେ ପଡିଥାଏ
ସଂପୂର୍ଣ୍ଣ ଭୁବନ ଅପୂର୍ଣ୍ଣ ଏ ଜନ
ହଟହଟା କରି ଖାଏ ।

■

ଅଲିଭା କ୍ଷତ

ରଥକୁ ଜାବୁଡି ସାଜିଛି ସାରଥି
ହୃଦୟ ଗହ୍ୱରେ ଦେଇଣ ଚାବି
ଉଇଁଥିଲେ ସରଗ ଶଶି
ତାରକା ବି ଦିଶେ ଗୋଟିକି ଗୋଟି ।

ସେହି ମଫସଲ କନକ କ୍ଷେତ
ଲିଭୁନାହିଁ ମନ ଗହନୁ ଆଜି
ତାରୁଣ୍ୟର ସୁଗନ୍ଧ ସ୍ୱେଦ ଶ୍ୱେତ
ଉଙ୍କିମାରେ କାନ୍ଥର ଏଠି ସେଠି ।

ଅର୍ଥ ଲିପ୍ସା ଘାରୁଛି କେବେ ତାକୁ
କ୍ୱଚିତ୍ ଦେଉଥାଏ ଦେହପୀଡା
ମୋହ ଭାଙ୍ଗିଲେ ଖୋଜୁଥାଏ ମୋତେ
ଅଚିହ୍ନା କ୍ଷତ ହୁଏ ଜଳାପୋଡା ।

ଆଜ୍ଞା ହେବନାହିଁ ତାର ଅବଜ୍ଞା
ନ୍ୟାୟ ହେଉ ଅବା ଜ୍ଞେୟ ଅନ୍ୟାୟ
ପାଉଛ ଉତ୍ତମ ଦାୟାଦ ସଂଜ୍ଞା
କରି ଅର୍ଥକୁ ଅନର୍ଥର ଜୟ ।

ମନ ଉଦ୍ୟାନେ ଦେହର ଗାଲିଚା
ଶୁଷ୍କବୃକ୍ଷ ସାଜି ହୋଇଛି ଛିଡା
ଶୋଭିତ ସିନା ସିନ୍ଦୁର ମଣ୍ଡିତା
ଝରୁଥାଏ ଅଶ୍ରୁ ଦେହଟା ସାରା ।

■

ଚିହ୍ନା ଜାଗାରେ

ଚିହ୍ନା ଜାଗାରେ
ଅଚିହ୍ନା ମୁହଁ ସିଏ
ଇସାରାରେ ଦେଖେ
ମହକରେ ଭାସେ
ମୋ ମନ ସାତ ସିନ୍ଧୁ ପରେ ।

ଫୁଲର ରାସ୍ତାରେ
ଦିବ୍ୟ ସୁଗନ୍ଧ ସିଏ
ରଙ୍ଗର ଆସ୍ତରେ
ଝୁମି ଝୁମି ନାଚେ
ମୋ ଅଙ୍ଗ ପାରାବାର ପରେ ।

ରାତିର ରାସରେ
ସୁରଭି ପ୍ରଣୟୀ ସିଏ
ଧିରେ ଧିରେ ଛୁଏଁ
ଅଧରକୁ ମୋହେ
ମୋ ଉଷ୍ମ ପରବତ ପରେ ।

■

ତା' ନିଶା

କାକଳି ନିନାଦେ ଦର୍ଶନେ ବିଭୋର
ସରୁନାହିଁ ତା'ର ଅନ୍ଧିକା ନିଶା
ନିରେଖି ଚାହିଁଲେ ରାତ୍ରିନାଥ କହେ
ହେ ଜୋଛନା ! ପ୍ରିୟାକୁ ଥରେ ତୁମି ଆ..,

ଜାତି ଜାତି ଫୁଲ ଅସୂୟା କରନ୍ତି
ଯେବେ ଜହ୍ନ ତା'କୁ କଡେଇ ଦେଖେ
ଆନ ମୋଡି ଦେଇ କରେ ପୀରତି
ସେ'ତ ଫୁଲ କୁମାରୀଟିଏ ହାଏ ।

ଛଳଛଳ ଆଖି ଢଳଢଳ ଡୋଳା
ଚିବୁକ ଥରି ଥରି ଶିଥିଳ ହୁଏ
ଭ୍ରୁଲତା ବକ୍ର ନଳିନୀର ନାଦେ
ଝୁଲୁଥାଏ କପୋଳ ପ୍ରଦେଶେ ।

କଳାଜାଇ ତା'ର କଳଙ୍କ ଚାନ୍ଦରେ
ଶୋଭିତ ଓଷ୍ଠ ଉପରେ
ଅଙ୍ଗଭଙ୍ଗୀ ତାର ରଙ୍ଗ ବଦଳାଏ
ଥିଲେ ସିନ୍ଥିରେ ରକ୍ତ ସିନ୍ଦୂର
ସତ୍ୟ ଅବା ସପନରେ ହୁଏ
ଏ ଅଧମର ସର୍ବସ୍ୱହିଁ ତୁମର ।

■

ଝଡିଯିବି

ଝଡୁଛି ଝଡିବି ଶେଫାଳି ଭଳି
ଦେଖିବିନି ପ୍ରକାଶ ଯିବି ମଉଳି ।
ବିରକ୍ତ ଲାଗେ ଯେବେ ଶବ୍ଦ ଆଉ ଶୈଳୀ
ଉଦ୍ଦେଶ୍ୟ ଯାହା ବି ଥାଉ ସତ୍ତ୍ୱ ଯାଏ ମଉଳି ।

କାୟରେ କୁଶଳ ମନରେ ଦୁର୍ବଳ,
ସୁଗଠିତ ପଥ ଭଗ୍ନ ସବୁ ରଥ
ଦୁଃଖିନୀ ଲତାନ୍ତକୁ ଝୁରେ ଫାଲ୍ଗୁନ,
ରସର ରାସରେ ଚାହିଁ ମିଳନ ।

ଲୋଧ୍ର ଲୁଚେ ହାସ ଖେଳେ ଭଉଁରୀ
ପାଦଚାଲେ ହାତେ ରଖ୍ କାଠି କାଉଁରୀ,
ଚକ୍ରବାକ କାନ୍ଦୁଥିବ ଚକ୍ରବାକି ପାଇଁ
ଝୁରେ ଅଲଣା ଭାଗ୍ୟ ଲୁଣଟିକେ ପାଇଁ ।

ମେଦିନୀ ମା'ର କ୍ରୋଡରେ ରହି,
ମମତା ପରଶେ ନିଦେ ଶୁଅଇ ।

■

ଆଶାର ଖିଅ

ଆଶାର ଆଲୋକ ଯେବେ
ପଡେ ମନ ବଗିଚାରେ,
ହୃଦ ସଙ୍ଗେ ଦେହ ଧାଏଁ
ଆଶାର ପଛରେ ।

ଅତି ଦର୍ପେ ଲଙ୍କା ରାଜ୍ୟ
ହତ ହୋଇଗଲା,
ପୂର୍ଣ୍ଣମୀ ଇନ୍ଦୁ ଅପସରେ
ଯେବେ ଅମାବାସ୍ୟା ଆସିଲା ।

ବିନ୍ଦୁ ବିନ୍ଦୁ ରକତକୁ
ନିଗାଡିଲା ଦେହ,
ମନ ପାରାବାରେ କରିବାକୁ
ରୂପର ବଜାର ।

ଅହି ଆଉ ନକୁଳର ଏପରି
ସମ୍ପର୍କର ଖିଅ,
ଘୂରୁଥାଏ ରାତ୍ରିନ୍ଦିବା ନରଖି
ଦୟା ଅବା ମୋହ ।

■

ଥରେ ବସନ୍ତରେ

ମୋ ଚାନ୍ଦରେ ନାହିଁଲୋ କଳଙ୍କ
ସେ'ତ ମଧୁମୟ ପ୍ରୀତି ପ୍ରେରକ,
ମୋ ଅଙ୍ଗେ ଅଙ୍ଗେ ସମାହିତ ଧାରା
ଋତୁରାଜ ବନ୍ଧୁ ପ୍ରେମର ପରସା ।

ଫୁଲେ ଫୁଲେ ଝୁଲେ ଭ୍ରମରୀ ନୀତି
ମଦା ତୁମେ କେବେ କରି ପୀରତି
ଏ ମକରନ୍ଦ ଆଜି ନାଚି ଯାଉଛି,
ସିରିସିରି କରି ଗୀତ ଗାଉଛି ।

ଫୁଲମତୀ ଲାଜେ ସରମି ଯାଏ
ହସି ଦେଇ କାଣ୍ଡ ତଳକୁ ଚାହେଁ,
ବସନ୍ତ ସାନ୍ଧ୍ୟର ରୁପେଲି ବିକଶ
ଥଣ୍ଟାକରେ ଦେଖି ମଞ୍ଜରୀ ବେଶ ।
ରୂପେ କିରଣାବଳୀକୁ ଝଡାଇ ଦିଏ
ସୁମକୁ ଶୁଦ୍ଧ କିରଣେ ଭିଜାଏ ।

■

ପିଆସୀ ଆଶା

ଆଖିରେ ଥିଲା ଆଖିଏ ସ୍ୱପ୍ନ
ହୃଦୟରେ ଅସୁମାରୀ ଆଶା
କେବଳ ପ୍ରାପ୍ତିର ଅଭିପ୍ସା...
ଧିରେ ଧିରେ ଚିତ୍ତ ମସ୍ତିଷ୍କ ପ୍ରତି ଅଗ୍ରସର,
ଦୃଢ ହୋଇ କଲା ମସ୍ତିଷ୍କେ ଅନ୍ଧାର ଘର ।

ସମୟ କ୍ରମେ ଆଶା ହେଲା ପରିପକ୍ୱ
ପଡିବାକୁ ଯେବେ ହେଲା ଉଦ୍ୟତ
ନଥିଲେ କେହି ସେଠି ତଳେ କି ଉପରେ
ଥିଲା ଖାଲି ଭୂଇଁରେ ଆବୁଡା ଖାବୁଡା ପଥର ।

ପଡୁଥାଏ ଆଶା ଗୋଟେ ପରେ ଗୋଟେ
ନଥିଲା ତା'ର ନିୟନ୍ତ୍ରଣ ମସ୍ତିଷ୍କେ ଅଠାଭଳି ଲାଗିଯିବାକୁ...
ପାଉଥିଲା ଯନ୍ତ୍ରଣା ତନରୁ ମନ
ଶିଳାରେ ହୋଇ ଘଷି
ପଡୁଥିଲା ନିଗିଡି ଉଭୟ ଲେତ ଆଉ ଲହୁ ।

କ୍ଷଣିକେ ଜାବୁଡେ ଆଶାଟିକୁ ସୁଖ ସଞ୍ଚାରି
ପୁନଃ ଠେଲିଦିଏ ନିଜଠାରୁ ଅଳ୍ପ ଦୂରକୁ
ବୋଝରୁ ପାଇବା ପାଇଁ ତ୍ରାହି ।

ଏବେ ଆଶା ହେଲା ଅଣାୟତ୍ତ
କ୍ରମାନ୍ୱୟେ ଲୋଟି ପଡେ ଭୂପୃଷ୍ଠେ
କେବେ କର୍ଦ୍ଦମାକ୍ତ ପୃଥିବୀ ଛାତିରେ ତ'
କେବେ ରୁକ୍ଷ ପ୍ରସ୍ତର ଦେହରେ
ଝୁରିଝୁରି ତନୁ ଶିରି ଗଲା
ତଥାପି ସେ ଆଶାର ସାଥି ସଙ୍ଗେ ନ ରହିଲା ।

■

ଉନ୍ମତ୍ତ ମନ ଚାହେଁ

ମୁଁ ସମ୍ଭାବନାର ଶ୍ୟାମଳ ମେଘ
ବରଷି ଯିବାକୁ ପ୍ରବଳ ଇଚ୍ଛା
କୋହକୁ ଆଉ ପାରୁନି ଚାପି
ଛଳ ଛଳ ଆଖି ମୋ ସାକ୍ଷୀ
ଶ୍ରୀଅଙ୍ଗ ମୋ ଥରହର ପଡିଯିବାକୁ
ବୃଷ୍ଟି ହୋଇ ଝରି ଯିବାକୁ,

ସ୍ପନ୍ଦନର ବେଗ ବଢୁଛି ପ୍ରତିକ୍ଷଣ
ଖୋଜୁଛି ଉଚିତ ଦିବ୍ୟ ଦିଗ
ବରଷିବି ବହଳ ଧାରାରେ ଧରାରେ
ଧୋଇଦେବି ସବୁ ପ୍ରଭୁତ୍ୱ ଲାଳସାକୁ
ଶୁଦ୍ଧ କରିଦେବି ପିଣ୍ଡ ଆଉ ପ୍ରାଣକୁ
ନଥିବ ବିରୋଧ କି ବିରୋଧୀ
ଉନ୍ମୁକ୍ତ କେଶକୁ ସଜାଡିବି
ମୟୂରୀ ମୂର୍ଚ୍ଛନାରେ ବିହ୍ୱଳ ହେବି
କୋକିଳ ପରି ସଙ୍ଗୀତ ଗାଇବି
ଖିଲିଖିଲି ହସି ପ୍ରସ୍ଫୁଟିତ ହେବି ।

■

ଶ୍ରୀହୀନା କୁମାରୀ

ଚୁଲୁବୁଲି ତନୟା ହସି ହସାଏ
ଆଜି ଏତେ ସ୍ଥିର ଓ ଅଳସ କାହିଁକି ଯେ !
ନେତ୍ରର ଦୁଇପାର୍ଶ୍ୱ ବହୁତ କୃଶ,
କ'ଣ ଚିନ୍ତା ନା ଅସୁସ୍ଥତା?
କଥା କହୁନି ସେ ଓଷ୍ଠ ପଲ୍ଲବ
ଫିକା ଫିକା ପୁଣି ଅଠା ଅଠା,

ରସହୀନତାର ଶିକାର ହେବାର
କାରଣ ସେ ଜାଣିନି
ଚିବୁକର ସେ ଚିକ୍କଣ ଆଭା
ଆଉ ଝଲଶୁ ନାହିଁ,

ମଳିନତା'ର ରୂପକୁ ଜାବୁଡି ଧରିଛି
ଆଉ ଭ୍ରୂଲତାର ସେ ବକ୍ର ଛବି ନାହିଁ,
ନିର୍ଜିବ ଦଉଡି ଟିଏ ପରି

ସରଳରେଖା ଅଙ୍କିତ
ମୁଖର ମଧ୍ୟବିନ୍ଦୁ ଲାଲ
କିନ୍ତୁ ଏବେ ଈଷତ୍ ଲାଲ କାହିଁକି?

ଓଃ! କର୍ଣ୍ଣର କୁଣ୍ଡଳ....
ଅନୀକର ପ୍ରଭାକୁ ଦ୍ୱିଗୁଣିତ କରେ
କିନ୍ତୁ ଆଜି କୁଣ୍ଡଳ ବିହୀନ କର୍ଣ୍ଣର
କିଛି ବ୍ୟଥା ପ୍ରକଟିତ ।

ଉଚ୍ଚକପାଳରୁ ଝଲସୁଛି ଚିନ୍ତାର ଗୁଡାଏ ରେଖା
ଲୁହ ସବୁ ଚକ୍ଷୁରେ ଛଳଛଳ
ନା ରହିପାରୁଛି ନା ବହିପାରୁଛି
ବହୁ ଦ୍ୱନ୍ଦର ସୀମା ରେଖାରେ
ଚାଲିଛି ସେ ଶ୍ରୀହୀନା କୁମାରୀ
ଦ୍ୱନ୍ଦର ସମାପ୍ତିକୁ ଅପେକ୍ଷା କରି...।

■

ଧନରେ ମୋର

ଧନରେ ମୋର
ତୁ ପ୍ରଦୀପର ଶିଖା ମୋ କୁଳର
ମୋ ଜୀବ ଜୀବନ
ମୋ ରଙ୍କୁଣୀ ଧନ
ତୋ ପରଶେ ହୁଏ ଦୁଃଖନିଧନ ।

ଧନରେ ମୋର
ତୁ ଚଞ୍ଚଳ ପ୍ରବେଗ ମୋ ଆତ୍ମାର
ମୋ ସୁନା ସପନ
ମୋ ହୃଦ ସ୍ପନ୍ଦନ
ତୋ ମା'ଆ ଡାକେ ହୁଏ ସନ୍ତୁଷ୍ଟ ମନ ।

ଧନରେ ମୋର
ତୁ ଶାନ୍ତ ସକାଳ ମୋ ସଂସାରର
ମୋ ପଦ୍ମଲୋଚନ
ମୋ କୁଳନନ୍ଦନ
ତୋ ରୋଦନେ ହୁଏ ଅସ୍ଥିର ପ୍ରାଣ ।

ଧନରେ ମୋର
ତୁ ଜହ୍ନ ଜୋଛନା ମୋ ଆକାଶ ବକ୍ଷର
ମୋ ମଧୁଚନ୍ଦନ
ମୋ ରିଓମ୍ ଧନ
ତୋ ହସରେ ହୁଏ ମୋ ଦିନ ଆଗମ ।

∎

ହେ ଗୋପବନ୍ଧୁ

ହେ ଗୋପବନ୍ଧୁ ! ତୁମେ କଳିଙ୍ଗର ବରପୁତ୍ର
ତୁମ୍ଭପାଇଁ ହେଲା ଉତ୍କଳର ପୁନରୁତ୍ଥାନ
ଘଉଡେଇ ଦେଲ ବିଦେଶୀଙ୍କୁ ଏ ଧରାରୁ
ଚଖେଇଲ ସ୍ୱତନ୍ତ୍ରତାର ସ୍ୱାଦ ଏ ଜନତାଙ୍କୁ ।

ତ୍ରାଣକର୍ତ୍ତା ଥିଲ ଦୀନ ଜନର
ଶିକ୍ଷା ଦେଇଗଲ ମଣିଷ ଜାତିକୁ
ନିର୍ମଳ ସ୍ୱଭାବ ଦୟା ଦେଖେଇବ ଅନ୍ୟକୁ ।

ତୁମେ ସ୍ୱାଧୀନ ଓଡ଼ିଶାର ସ୍ୱପକୁ
କରିଲ ଅଚିରେ ସାକାର
ପ୍ରେମ ଶାନ୍ତି ମୈତ୍ରୀ ଭାବକୁ
ସର୍ବପ୍ରାଣେ କରିଲ ରୋପଣ,

ଜନସେବା ଜୀବନର ମୂଳ ଲକ୍ଷ କରି
କହିଲ କାନେ କାନେ ମାନବିକତାର ମୂଳମନ୍ତ୍ର
ମଣିଷ ସେବା ହିଁ ମାଧବ ସେବା
ଦିଏ ଏ ସନ୍ଦେଶ ତୁମ ଜୀବନ ବାରତା ।

■

ଜହ୍ନ

ହଁ, ମୁଁ ଗୋଟିଏ ଜହ୍ନ
ମୁଁ ବି ଦେଖେ ସୁନ୍ଦର ସ୍ୱପ୍ନ
ହୁଅନ୍ତା କି ମୋ ଘର ଆକାଶସମ
ବର୍ଣ୍ଣିଳ ଢେଉକୁ ଆଙ୍କନ୍ତି ଚିତ୍ର ସମ...।

ସେ ଶବ୍ଦମୟ ଆକାଶର ସୀମା
ମୋ ଚିକ୍ ମିକ୍ ରୁପେଲି ଜ୍ୟୋସ୍ନା
ମେଘ ପାଉଁଜି ଧାର ଧାର ସୂତ୍ର
ବାଦଲର ମନୋହର ହିଲ୍ଲୋଳ ।

ମୁଁ ଇନ୍ଦୁ ଆଜି ବହୁ ମନୋରମ
ହୋଇଛି କୁମାର ପୂର୍ଣ୍ଣମୀରେ ସମାଗମ
କୋଳେଇ ନେବି ତାରକା ରାଶିଙ୍କୁ
ସଜେଇ ଦେବି ସ୍ୱପରିସରକୁ ।

ଫୁଲ ଦୋଳିରେ କପାଟ ମହକିତ
ମଣ୍ଡାପିଠା ବାସ୍ନା ସନ୍ଧ୍ୟାପାଇଁ ପ୍ରତୀକ୍ଷିତ
ପିନ୍ଧି ନବବସ୍ତ୍ର ବସେ ମୁଁ କୁମାରୀ
ଥାଳି ସୁସଜ୍ଜିତା ଚଉଁରା ପାଶେ ।

www.ingramcontent.com/pod-product-compliance
Lightning Source LLC
LaVergne TN
LVHW041713060526
838201LV00043B/707
9789392661501